L'ALGÉRIE.

IMPRIMERIE LACRAMPE ET COMP.,
Rue Damiette 2. — Paris.

A MM. Thiers et Barrot.

L'ALGÉRIE,

SON INFLUENCE

SUR

LES DESTINÉES DE LA FRANCE ET DE L'EUROPE,

PAR

M. HIPPOLYTE LAMARCHE.

PARIS.

A LA LIBRAIRIE PAULIN,

RUE RICHELIEU, 60.

1846

À

MM. Thiers et Barrot.

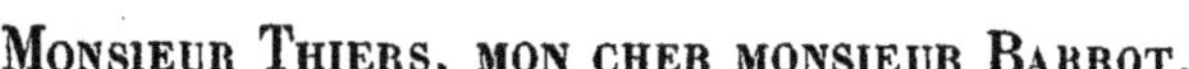

La question de l'Algérie se présente aujourd'hui sous de nouveaux aspects politiques. Ces aspects ont commencé à se dessiner dès 1839. Je les ai souvent indiqués dans le journal dirigé par l'honorable M. Chambolle, dont je suis depuis neuf ans un des plus assidus collaborateurs. Mes vues n'ont pas toujours été d'accord avec le sentiment le plus général. Cette difficulté ne m'effraye ni ne m'enhardit; je marche dans une conviction trop profonde pour m'arrêter à des considérations de majorité.

Toutefois, puisqu'il m'a semblé nécessaire de rappeler que le travail que je viens soumettre à votre haute appréciation n'est pas le produit d'une impression subite, je dois ajouter qu'il n'engage que moi seul. L'écrivain habituellement appliqué à l'œuvre collective disparaît ici complétement.

L'Algérie a coûté beaucoup à la France, moins qu'on ne le pense cependant; mais elle doit coûter encore plus qu'on n'ose l'avouer peut-être. Que peut-elle nous donner en retour de tant de sacrifices?

Une chose que l'instinct national a devinée et que les hommes d'État hésitent encore à nommer de son vrai nom :

LE PREMIER RANG POLITIQUE ET NAVAL sur la Méditerranée, sur cette mer où l'Angleterre ne possède que deux rochers et où nous possédons deux empires.

Que de fois n'a-t-on pas répété que si la guerre éclatait il faudrait se hâter de rappeler notre armée de l'Algérie où elle mourrait de faim! Il se passe encore peu de semaines sans que les journaux anglais ne disent ou ne donnent à entendre qu'au premier coup de canon les vaisseaux de la Grande-Bretagne viendraient bloquer nos ports d'Afrique et couper toutes communications entre la France et sa colonie. Deux assertions également erronées, mais qui ayant trouvé créance dans beaucoup d'esprits, trompés par les souvenirs confus d'une ancienne lutte, méritent d'être réfutées sérieusement.

Les chiffres de la population actuelle de l'Algérie compliquent la question des subsistances; mais il faut accepter la discussion dans ses termes présents, bien qu'ils doivent prochainement être modifiés à l'avantage de mon opinion.

La France compte aujourd'hui en Algérie 100,000 soldats et 50,000 colons civils. Avec les ressources que l'on pourrait se procurer sur place, la subsistance serait assurée pendant six semaines. La guerre n'éclaterait pas comme certains grains de mer sans avoir fait tache à l'horizon; et, si peu de prévoyance qu'on veuille supposer au gouvernement, des approvisionnements seraient expédiés de France, d'autres achetés en Égypte, à Tunis, en Barbarie, partout. La colonie se trouverait pour trois mois à l'abri de la disette. Or, pense-t-on qu'en trois mois nos colonnes qui occuperaient seulement les grands points stratégiques, au lieu de s'affaiblir en s'éparpillant pour maintenir partout la domination, ne sauraient pas découvrir les silos et aller chercher des vivres jusque dans le Maroc? Les difficultés que l'armée éprouve parfois

pour ses approvisionnéments tiennent à des ménagements qu'il importe de garder pour nous concilier les
populations. De deux choses l'une : ou les Arabes reste-
raient dans la soumission, et dans ce cas nous obtiendrions
d'eux, à des prix plus ou moins raisonnables, tout ce qu'il
faudrait pour la subsistance de nos troupes et de nos colons ; ou la guerre nourrirait la guerre, comme il est arrivé en Espagne, malgré le système de dévastation con-
seillé et pratiqué par les Anglais. Une petite armée peut
être affamée dans ses garnisons ; une grande armée, maîtresse d'un pays, y vit toujours aussi bien au moins que
les habitants.

Un blocus n'arrête jamais tout. Les contrebandiers
passent, les corsaires passent, des navires de l'État réus-
sissent à forcer la ligne. Cela peut être difficile, dispendieux, mais cela n'est pas impossible à des hommes ex-
cités les uns par le patriotisme et l'amour de la gloire, les
autres par l'intérêt, ces trois grands mobiles des actions
humaines. L'armée et les colons éprouveraient des priva-
tions sans doute ; mais, forcés de se passer de la France,
ils auraient bientôt appris à vivre d'eux-mêmes. Il ne
faut pas oublier qu'en Algérie les indigènes, s'ils peuvent
troubler notre domination, sont impuissants à nous empêcher de parcourir victorieusement le territoire. On ne
meurt de faim qu'enfermé dans une place. Que l'Angleterre envoie demain 100,000 hommes dans l'Irlande dé-
solée par la famine, en leur ordonnant de vivre sur l'ha-
bitant ; ils manqueront de beaucoup de choses, mais les
subsistances ne leur feront pas défaut. L'armée de l'Algérie résisterait à un blocus et l'on serait étonné, la paix

revenue, des merveilles opérées par nos colons et nos soldats stimulés par la nécessité, reine des institutrices.

D'ailleurs, un blocus est-il praticable depuis l'introduction de la vapeur dans l'art de la navigation?

Les marins sont d'accord que pour bloquer un vapeur il en faut deux, sinon trois d'égale puissance. Si nous avons cent vapeurs pour communiquer avec l'Algérie, l'Angleterre devra en employer deux cents pour empêcher les nôtres de passer. Mais les vapeurs anglais obligés de croiser épuiseront leur combustible, tandis que les vapeurs français épargneront le leur en attendant le moment favorable dans les ports. Il serait permis de considérer la dépense seule comme un obstacle au blocus; mais, laissant de côté ce calcul, tout décisif qu'il puisse paraître, je ferai simplement observer que pour approvisionner une flotte de croiseurs il serait nécessaire d'entretenir une seconde flotte de *steamers* à peu près égale en nombre et en force de tonnage. Voici donc la Grande-Bretagne occupant 400 vapeurs dans la Méditerranée et ne pouvant encore réussir qu'à demi à nous interdire les communications avec l'Algérie. Imagine-t-on que ce soit là une opération que l'amirauté anglaise soit curieuse d'entreprendre autrement que dans les colonnes du *Chronicle* et du *Times*? Avec les anciens procédés de la navigation, l'Angleterre n'a jamais pu rendre efficace un blocus général qu'en violant le droit des neutres, droit qui compte aujourd'hui des défenseurs capables de le faire respecter. Dans l'état actuel de la science et dans la situation respective des puissances navales, la pensée de bloquer 200 lieues de côtes doit être reléguée au pays des chimères.

Notre colonie africaine vivrait de son épée si un blocus était possible ; il ne l'est pas. Qu'on dépose donc une crainte née de l'irréflexion.

———

Vous avez remarqué, messieurs, que j'ai fait jusqu'à présent prétérition complète de notre flotte à voiles, quoiqu'il dût sembler ridicule de songer à une grande colonie, à une France ultra-méditerranéenne, sans une puissante marine militaire.

La France, sans compter les futurs contingents, peut élever le chiffre de ses équipages à 94,000 hommes, savoir : 50,000 marins des classes, 25,000 provenant du recrutement, et 19,000 soldats ou artilleurs de marine très-aptes à servir sur les navires de guerre, où tout homme n'a pas besoin des connaissances complètes du matelot. J'ai parlé seulement de ce qu'on pourrait exécuter avec 18 à 20,000 hommes, montant des vapeurs destinés à porter des vivres et des secours à l'armée et aux colons d'Afrique. Les concessions les plus extrêmes me coûtent peu, dans la conviction où je suis de l'impossibilité d'un blocus hermétique.

Maintenant je dois combattre cette erreur, que l'Angleterre aurait promptement triomphé de notre flotte de bataille.

La Grande Bretagne possède 78 vaisseaux à flot, et 23 sur chantiers. D'après les plus récentes informations et une statistique navale, publiée par le journal *la Flotte*, on pense que, sur 78 vaisseaux à flot, l'Angleterre en pourrait armer 58 ou 60, dont vingt seraient prêts en quelques semaines, 20 avant six mois, les 18 autres dans le courant de l'année. Les vaisseaux sur chantiers viendraient combler à temps tous les vides produits par les accidents de mer et par la chance des combats. Je ne dissimule rien de la puissance du redoutable adversaire que la politique nous a donné ; mais cette puissance a ses charges qui doivent être apportées dans la balance. Il faut à l'Angleterre trois flottes : une pour couvrir le littoral de son île, insuffisamment défendu par ses vaisseaux gardes-côtes ; une pour surveiller les États-Unis, empêcher l'émancipation du Canada et combattre toute entreprise éventuelle, de notre part, dans le golfe où la Martinique offre un magnifique asile à nos escadres ; une enfin dans la Méditerranée. A peine est-ce assez de 60 vaisseaux pour satisfaire à cette triple tâche. Il est donc bien plus facile qu'on ne le suppose d'arriver à une *égalité proportionnelle* entre les marines d'Angleterre et de France.

Notre effectif naval est fixé, par la loi de crédits votée

il y a quelques jours, à 24 vaisseaux à flot et 16 sur chantiers aux 22/24mes, total 40. Cet effectif n'est calculé ni sur nos ressources pécuniaires, ni sur nos richesses en personnel, ni sur l'état comparatif des deux marines rivales. On pourrait justement l'appeler un effectif de fantaisie. L'Angleterre nous impose ici notre rôle. Puisqu'elle se tient en mesure d'entrer immédiatement en campagne avec 20 à 24 vaisseaux qui seraient appuyés assez promptement par deux flottes de 18 à 20 vaisseaux chacune ; la France a le devoir d'entretenir 30 vaisseaux à flot, 15 sur chantiers aux 22/24mes, et 15 de seconde réserve, à un moindre degré d'avancement. Nous pouvons, dès qu'on le voudra, remplir ce devoir. La marine compte actuellement 23 vaisseaux à flot et 23 sur chantiers ; il ne s'agit que de faire descendre 7 vaisseaux à la mer, opération qui peut être exécutée en quelques mois. Je ne m'élance pas dans un avenir indéfini ; je m'attache au possible, au praticable. Je raisonne comme si la France avait 30 vaisseaux à flot, parce qu'il suffit, pour qu'elle les ait, d'un acte de volonté un peu ferme.

Ici se place un fait d'une importance décisive, savoir, contrairement au préjugé le plus enraciné dans les esprits, que nos équipages peuvent être formés plus promptement que les équipages anglais.

L'Angleterre a deux moyens de se procurer des matelots pour ses navires de guerre : la presse, qu'elle n'a point pratiquée depuis la paix ; et l'engagement volontaire, dont elle use actuellement. Les équipages composés, par l'un ou par l'autre de ces moyens, d'hommes qui ne se connaissent pas, manquent nécessairement d'ensemble pendant cinq ou six mois. Rarement, disait lord Melbourne en 1840, nous avons obtenu des avantages au début d'une guerre navale. La France puise ses équipages dans des masses militairement exercées , inscription maritime , marins du recrutement, régiments de marine, dont les hommes peuvent facilement être amenés à cette entente cordiale, à cet ensemble de mouvements qui font la force des navires. Il dépend donc de nous de profiter des facilités offertes par notre législation et nos usages pour faire, au début d'une guerre, pencher décidément la balance en notre faveur. Si l'on suivait le conseil qui a été donné, d'entretenir 15 vaisseaux en complet armement, et 15 en demi-armement, pouvant appareiller et exercer leurs équipages, nous serions, à l'ouverture des hostilités, en mesure de provoquer le sort des grands combats. Un demi-équipage, vigoureusement exercé et contenu dans des cadres solides, s'assimile en quelques jours les hommes qu'on lui donne pour le compléter, et parmi lesquels on doit compter sans doute bon nombre de canonniers et de soldats de marine, déjà rompus à la discipline, aux habitudes de la mer et familiers avec le service des navires de guerre. Encore ici il ne s'agit que de vouloir.

La levée permanente a fait beaucoup pour la formation de nos équipages, en obligeant tous les hommes de l'inscription à servir, au moins 3 ans, sur les bâtiments de l'État. On pourrait faire plus peut-être en fixant par la loi, pour l'inscription maritime comme pour l'armée de terre, la durée du service en temps de paix, et en garantissant à tous les hommes rappelés en temps de guerre, la solde de leur ancien grade, sinon leur grade même. J'écarte cependant de mes calculs tout ce qui est éventualité, et, la législation existante à la main, j'affirme que la France a, sur l'Angleterre, l'avantage d'une organisation qui permet d'obtenir plus promptement des équipages capables d'affronter tous les dangers et toutes les difficultés de la guerre. N'est-ce donc pas là un fait décisif, si l'on sait en profiter !

Je n'ai rien dit de nos 60 frégates, il n'en est pourtant point de meilleures ; mais les frégates ne sont propres qu'à la guerre de course ; elles désolent le commerce de l'ennemi, et lui font payer bien cher la victoire, surtout s'il possède une immense marine marchande ; mais elles ne décident pas du destin des batailles, et, quoi qu'on en ait dit, c'est par les batailles qu'une nation navale de premier ordre comme la France doit conquérir la paix. Nous ne sommes pas un peuple qui se puisse contenter de faire de façon ou d'autre ses affaires ; la France doit faire les siennes avec gloire, avec éclat, de manière à s'attirer l'admiration du monde. Sur le continent, notre drapeau a été si haut placé, il compte tant de triomphes pour une défaite amenée par le hasard, le nombre ou la trahison, que nous n'avons point de revanche à désirer ; mais sur la mer, notre pavillon rencontre des souvenirs qui lui défendent d'être modeste. Il nous faudrait une flotte de bataille, quand elle ne servirait qu'à montrer que nous n'avons peur de voir recommencer ni Aboukir ni Trafalgar.

Des causes fatales, qui ne sauraient se reproduire dans leur ensemble, cela est démontré à l'évidence, ont amené nos désastres maritimes. L'opinion n'en persiste pas moins dans son préjugé : — tandis que nous étions partout vainqueurs sur terre, nous avons partout été écrasés sur mer; donc, se dit-elle, nous ne sommes pas de force dans une lutte navale contre la Grande-Bretagne. — Peut-être devrait-il suffire de répondre : — C'est précisément parce que nous étions obligés de vaincre l'Europe continentale que nous avons été vaincus sur mer. L'Angleterre n'a eu à combattre qu'une partie de nos forces; ce n'est certainement pas une raison de conclure qu'elle triompherait de la France, si nous appliquions toutes nos ressources à la lutte. — Mais si l'intelligence générale ne lâche jamais les vérités qu'elle a saisies, elle tient fermement à ses erreurs. La discussion sur notre puissance navale, comparativement à celle de l'Angleterre, ne peut être tranchée d'un mot. Les preuves les plus palpables ne seront pas acceptées sans peine.

———

La guerre navale a commencé en 1793. Le corps des officiers de la marine appartenait à la noblesse; l'émigration volontaire ou forcée l'avait disloqué; on avait dû recomposer les cadres en improvisant des capitaines braves de cœur, bons matelots, mais pour la plupart dépourvus d'instruction théorique, et n'entendant rien à ces savantes évolutions d'escadres à l'aide desquelles Suffren avait livré aux Anglais, de 1780 à 1783, cinq batailles dans l'Inde sans en perdre une seule. Toulon, son arsenal, sa flotte venaient de passer par trahison aux mains des Anglais; enfin, la marine est une question d'argent, et nous entrions dans le régime des assignats. Cependant, l'histoire a glorieusement inscrit sur son livre la bataille du 13 prairial an II, où la victoire nous appartenait quand les Anglais reçurent un renfort de vaisseaux, où *le Vengeur* a enseigné comment on va par le naufrage à l'immortalité.

La lutte continua. Quatre ans plus tard, en 1798, une flotte française portait en Égypte Bonaparte à la tête de 30,000 hommes. Cette flotte périt dans la rade d'Aboukir par une de ces fautes qu'un homme de talent et d'esprit, car tel était Brueys, ne peut commettre que par l'effet d'une hallucination. L'amiral français tenait ses vaisseaux à l'ancre sur une ligne trop étendue pour qu'une des ailes ne dût pas être écrasée avant d'être secourue par l'autre. Brueys n'avait pas même pensé à fortifier solidement l'îlot d'Aboukir, ou à se tenir assez près de la terre pour que Nelson ne réussît pas à placer entre deux feux quelques-uns de nos navires, tandis que d'autres, immobiles à leur poste, n'avaient point d'ennemis devant eux. L'Angleterre n'en fut pas moins contrainte de signer en 1802 une paix glorieuse pour la France.

Il était si peu dans la pensée des hommes d'État de la Grande-Bretagne que la France fût devenue impuissante à soutenir une guerre navale avec succès, qu'ils prodiguèrent l'or et l'intrigue pour susciter, en 1805, cette coalition qui fut écrasée par le canon d'Austerlitz. Napoléon prétendit à deux victoires à la fois; il ordonna à Villeneuve d'accepter la bataille. Les flottes se rencontrèrent à Trafalgar ; la nôtre fut battue, mais l'Angleterre perdit Nelson, ses meilleurs capitaines, ses plus beaux vaisseaux, et fut obligée, quelques mois après cette célèbre victoire, de nous jeter la Prusse et la Russie sur les bras, pour nous détourner de la restauration de notre matériel naval. La paix ayant été conquise à Friedland, l'Angleterre, toujours travaillée de la crainte de voir renaitre notre marine, arma de nouveau l'Autriche en 1809. Toutefois, malgré tant de malheurs et d'obstacles, cinq ans après le désastre de Trafalgar, l'Empereur était en mesure de recommencer la lutte maritime. S'il eût pris ce parti, il fût sans doute mort sur le trône. Mais son génie touchant au ciel, il crut pouvoir, à la façon des dieux, tout terminer par un coup de tonnerre. Son foudre alla s'éteindre sous les glaces de la Russie.

Est-ce de ces faits sincèrement exposés qu'il est permis de conclure que la France doit renoncer à l'espoir de triompher dans un duel avec une puissance navale qui n'a combattu contre nous, depuis 1793, qu'après s'être assurée que la guerre continentale occuperait toujours notre bras droit et souvent nos deux bras ensemble ?

Si la France a voulu l'Algérie à tout prix, ce n'est pas pour y planter des légumes, ni pour y faire pousser du blé. Le terrain ne manque point à notre population, qui pourrait, sans parler des espaces incultes, doubler le pro-

duit des récoltes par la pratique d'un système si simple et si
rationnel que la routine aura fort à faire pour l'empêcher
de s'établir. La France veut l'Algérie parce qu'elle sent
que là est l'indemnité des pertes que nous ont imposées
le traité honteux de 1763, les traités malheureux de
1815. L'Algérie, pour nous, c'est l'Ile-de-France, c'est le
Canada, c'est l'Égypte, c'est la frontière du Rhin. Il y a
cela de providentiel dans notre conquête africaine,
qu'elle nous oblige à développer notre établissement
naval sans diminuer notre armée, et qu'elle tient en
échec la tendance manifeste de certains esprits à amoin-
drir l'un ou l'autre, peut-être l'un et l'autre des éléments de notre puissance militaire. Il se peut que la
France n'ait pas d'abord bien nettement compris ces
vérités. Chez les peuples, les idées demeurent confuses
parmi les sentiments, jusqu'à ce qu'une voix amie les
dégage par une formule, et que pour les mettre à exécu-
tion des hommes se présentent armés de ce trident qui
seul peut commander aux flots humains : La passion,
l'idée, l'action. Il importe de montrer à la France que
ce qu'elle a voulu s'accomplira, à la condition de le vouloir toujours et de ne pas se refuser à elle-même le
moyen d'atteindre le but marqué. Qui dit grande colonie, profère un non-sens, si par ces mots il n'entend pas
grande marine.

L'Angleterre ne saurait se passer de trois flottes; une peut suffire à la France. Si étrange que paraisse au premier coup d'œil cette assertion, elle se justifie en peu de mots.

Non—seulement tous les amiraux, mais tous les hommes possédant des notions sur les grandes évolutions navales, reconnaissent qu'une flotte de plus de 30 vaisseaux se refuse aux mouvements d'ensemble d'où résulte la victoire. La question, sur mer comme sur terre, est de porter à l'improviste une masse sur un point où l'ennemi soit plus faible. Or, il est évident que si une flotte occupe une ligne trop étendue, une de ses ailes pourra être attaquée en force supérieure par un ennemi moins nombreux cependant. Le centre est exposé au même désavantage. Gravina et Mac-Mahon comprenaient parfaitement à Trafalgar qu'il importait de dégager Villeneuve, accablé par la colonne lancée sur notre centre par Nelson. Le temps leur manqua d'abord, puis la mort vint l'un et l'autre les arrêter. La nécessité de commander par signaux imposerait seule des limites à l'effectif d'une flotte, s'il n'était démontré, d'ailleurs, que la tactique offre des combinaisons qui paralysent dans une certaine mesure la puissance du nombre. Avec 30 vaisseaux bien commandés, la France peut tenir la mer sans crainte d'infériorité numérique, les Anglais étant trop habiles pour chercher le succès dans la quantité au delà du point où la quantité peut l'assurer. Donc, lorsqu'on parle, pour la France, d'une flotte de bataille, il demeure entendu qu'il s'agit de 30 vaisseaux, appuyés d'un nombre égal de vaisseaux en réserve. Les conséquences de ce fait sont considérables.

La France n'ayant de vaisseaux à flot que pour former une flotte, on comprend que ces vaisseaux ne doivent pas être divisés. Qu'on les tienne tour à tour dans la Méditerranée et dans l'Océan, cela est sans inconvénient peut-être, pourvu qu'ils soient toujours réunis et que toujours le pays ait en main la chance d'une grande victoire navale. L'éparpillement de nos forces en escadres de quelques vaisseaux serait une faute et contre la tactique et contre la stratégie. Contre la tactique, parce que nos escadres pourraient succomber en détail sous la force numérique, tandis que nous n'avons pas à redouter le nombre lorsque notre flotte atteint le chiffre maximum de 30 vaisseaux. Contre la stratégie, parce que l'Angleterre, vulnérable sur son littoral, dans l'Amérique et dans la Méditerranée, est obligée, si nous avons une flotte de bataille, d'en entretenir trois. L'expédition d'Égypte n'a-t-elle pas échappé à la vigilance de Nelson? Pense-t-on que si, par une course rapide, notre flotte arrivait au Canada, où nous trouverions *plus d'un million de Français* et seulement *sept mille soldats anglais*, il nous faudrait beaucoup de temps pour enlever à la Grande-Bretagne, par voie d'annexion aux États-Unis, toutes ses colonies du continent américain? Et si notre flotte, dérobant quelques marches à l'ennemi, se présentait sur les côtes d'Angleterre non défendues par une flotte anglaise... Mais ceci amène des considérations qu'il est temps d'aborder.

L'opinion à laquelle j'ai l'honneur d'appartenir voulait que, profitant de la terreur jetée parmi les gouvernements du continent par la chute de la branche aînée des Bourbons, la France reprît, en 1830, ses limites de 1801. La majorité parlementaire a prononcé dans le présent, l'histoire prononcera dans l'avenir sur la politique préférée à celle que mes amis désiraient voir adopter. On pourrait croire que l'Angleterre ne se déclara notre alliée, au sortir de la révolution de Juillet, que pour mieux empêcher la réunion de la Belgique à la France. Quoi qu'il en soit de ses intentions, la Grande-Bretagne fit preuve, en cette circonstance, de peu de perspicacité. Si la frontière du Rhin nous eût été rendue, la France eût dû concentrer toutes ses vues, toutes ses forces, toute son influence sur le continent. Brouillés pour longtemps avec l'Allemagne *pour quatre départements*, obligés de travailler seuls à la résurrection de la Pologne, de soutenir seuls l'Espagne dans sa révolution, l'Italie dans ses tendances vers l'unité, il nous eût été certainement bien difficile de ne pas permettre à l'Angleterre de s'emparer de la suprématie maritime, s'il eût fallu acheter de ce prix la neutralité d'une si redoutable puissance. Peut-être y eût-il eu alliance entre la France et la Grande-Bretagne : les Anglais eussent fourni la flotte, et les Français l'armée. C'est dire assez que l'Angleterre eût commandé en souveraine en Égypte, en Syrie, en Grèce, et que notre rôle en Orient se fût borné à donner, au besoin, des soldats pour fermer aux Russes l'entrée de Constantinople. L'Algérie, dont l'importance n'avait pas encore été révélée, eût été abandonnée, ou, ce qui revient au même, soumise à une occupation restreinte. Alger eût été pour nous, à peu près, ce que sont les *présides* d'Afrique pour l'Espagne. C'est l'Angleterre qui, en nous refusant la ligne du Rhin, Maëstricht et la Belgique, a décidé que la France redeviendrait une grande puissance navale. Trente-cinq millions d'hommes libres, ardents, habiles, accoutumés à donner le branle à la civilisation, ne sauraient se passer d'un champ d'activité politique. Relever devant nous, sur le continent, les barrières de 1815, c'était nous pousser vers la mer.

La Belgique parle notre langue, elle a nos codes, nos usages, notre théâtre, notre littérature ; attachée à nous par tant de liens et de sympathies, l'indépendance qu'on lui a faite, dans une neutralité perpétuelle, n'a plus rien qui blesse absolument les intérêts politiques ni la fierté de la France. De ce côté, la question est résolue. Quant aux intérêts matériels des deux pays, une union douanière peut les confondre à jamais.

L'Allemagne, trompée à demi sur nos projets, en 1840, connaît aujourd'hui la vérité. Elle sait que la France ne lui fera jamais la guerre pour ressaisir le grand-duché du Rhin. Entre peuples civilisés, les conquêtes sont désormais interdites. Il existe un principe pour décider de l'annexion des provinces : la souveraineté nationale. Eussions-nous irrévocablement conquis par l'épée la rive gauche du Rhin, nous serions tenus d'y renoncer si les populations nous déclaraient ne pas vouloir devenir françaises. Une école se qualifiant d'historique prétend, il est vrai, que l'Allemagne ne finit qu'aux Vosges et qu'elle n'est pas encore dans ses limites. Si les gouvernements partageaient les prétentions de cette école, on leur pourrait offrir un moyen de vider pacifiquement la difficulté. La France retirerait d'Alsace et de Lorraine ses troupes, ses fonctionnaires civils, et autoriserait des commissaires allemands à venir proposer à nos concitoyens de l'Est de rentrer dans ce qu'on appelle la nationalité des origines ; on nous permettrait ensuite de tenter, aux mêmes conditions, une épreuve dans les provinces Rhénanes. Sérieusement, l'Allemagne a maintenant compris la France. Elle voit, par les fortifications de Paris, que nous entrons, sur le continent, dans le système de la défensive ; les rancunes d'une lutte que, du reste, nous n'avions point provoquée, s'étant éteintes, l'Allemagne reconnaît que nous n'avons laissé chez elle que des semences d'égalité, de bonne administration, et qu'au lieu de nous entre-choquer sur le champ de bataille, le moment est venu de lutter dans la carrière du progrès social et de la liberté parlementaire.

Une guerre de territoire entre Allemands et Français serait une offense à la dignité humaine ; car, encore une fois, l'Allemagne, fût-elle victorieuse, n'aurait pas plus le droit de garder la Lorraine et l'Alsace, qui sont et veulent rester françaises, que nous n'acquerrions, par cent batailles gagnées, celui de garder les provinces Rhénanes, si elles veulent rester allemandes. Une guerre de principes devient de plus en plus impossible, les principes étant les mêmes, sous cette différence, qu'ils ne sont pas encore également appliqués des deux côtés du Rhin. Quoi qu'en disent des politiques qui ne savent ni oublier ni apprendre, quoi qu'en espèrent des aristo-

craties jalouses, l'Allemagne et la France sont récon-
ciliées, sont amies, sont sœurs. Elles n'ont plus rien à se
prendre; elles ont beaucoup à se prêter.

Les traités de 1815 subsistent, mais les idées qui ont
présidé à ces traités sont mortes ou défaillantes. Ce n'est
plus vers la stratégie militaire, mais vers les combinaisons sociales et commerciales que penchent les gouvernements. Le *zollverein* a fait pour l'Allemagne, eu égard
aux situations géographiques, ce que l'Algérie a fait pour
la France. Il nous faut une flotte de bataille; il faut au
zollverein un pavillon et les moyens de le faire respecter.

Une erreur commune, la plus commune peut-être, est
de croire qu'un événement doit se reproduire précisément
parce qu'il est arrivé.

L'Angleterre a noué contre la France une coalition qui
a duré vingt-deux ans, avec des intermittences de trente
mois au plus, et qui a fini par les traités de 1815 : donc,
l'Angleterre renouera cette coalition dès que ses intérêts
lui conseilleront de recourir à ce moyen dispendieux, ex-
trême, mais d'un succès certain.

On entend des hommes graves avancer ce raisonne-
ment, immédiatement après s'être moqués de ceux qui
espèrent écraser la branche cadette sous des pavés, parce
que la branche aînée a été ainsi écrasée. « Nous savons,
disent-ils, comment empêcher les barricades de s'élever,
et comment les emporter quand elles sont debout. » Ils

ont raison. Mais ne savons-nous pas aussi comment on disloque les coalitions? Lorsque par nos paroles et par nos actes nous prouvons à l'Allemagne qu'entre elle et nous il n'y a plus de question de territoires, les gouvernements auraient-ils beau jeu à nous faire une guerre qui serait évidemment, aux yeux de tous les peuples, une guerre contre la liberté? La lutte soulevée par la transformation de 1789 s'était compliquée, embrouillée au point de persuader aux nations que nous en voulions à leur indépendance. L'Italie elle-même, que Dieu lui pardonne! a donné dans cette erreur. Les nations, plaçant naturellement l'indépendance avant la liberté, se sont désespérément levées contre nous.

Le malentendu a cessé : la liberté est aujourd'hui la première, la seule question. C'est donc du côté de la France que serait aujourd'hui la toute-puissance morale dans une lutte qui n'aurait pas pour objet un territoire européen. L'Angleterre a sans doute le droit de parler de liberté; mais il y a liberté et liberté. Celle qui retient tout un peuple dans la misère pour faire vivre dans un luxe effroyable quelques milliers de familles, n'est pas la liberté où l'Europe aspire. Elle veut la liberté française avec l'égalité pour base; cette liberté sainte qui a triomphé partout, même à Waterloo. La victoire n'eût appartenu au principe contraire que s'il eût déchiré nos codes; il s'est arrêté impuissant devant ce sacrilége. On a crucifié notre Messie à Sainte-Hélène, mais notre Évangile est resté vainqueur des ténèbres féodales.

Ce qui s'est passé en Allemagne à propos de la question d'Orient n'était qu'un mirage dont les yeux exercés n'ont pas été dupes. La vérité est que si l'on a eu peur en France, c'est seulement de l'excès de puissance des moyens à employer si l'on eût rencontré de l'autre côté du Rhin une résistance plus sérieuse que celle dont nous menaçaient les rancunes exhalées par des écrivains libéraux ulcérés du dénoûment de la crise de 1831.

Nous serons souvent en minorité dans une conférence à cinq, les principes comptant pour peu sur le tapis de la diplomatie; mais toutes les fois que nous parlerons à pleine voix, par la fenêtre, la majorité sera de notre côté, parce que ce sont les peuples qui la formeront.

Il n'est pas d'une bonne politique de menacer de renversement les gouvernements étrangers; si cés gouvernements ont leurs vices, ils ont leurs qualités. La menace ne sied, d'ailleurs, à personne; mais nous devons faire de la politique à ciel ouvert, par la raison que les aristocraties puisent leur force dans le concert et le secret, et que la nôtre est dans la publicité; la paix continentale se trouve plus affermie par une déclaration spontanée, éclatante, que nous renonçons à la frontière du Rhin, par la voie des armes, quoi qu'il puisse advenir en Europe, que par cent concessions faites de bonne ou de mauvaise grâce dans une conférence diplomatique. C'est vaincre sans combat les gouvernements adverses, c'est leur arracher le levier qui seul peut soulever les passions hostiles à la France.

On a dit souvent que nous étions sans alliances; cela est vrai, si l'on considère les gouvernements seulement; cela est faux, si l'on considère dans leur ensemble peuples et gouvernements. Un des deux éléments de la puissance nationale nous est sympathique, et ce n'est pas le plus faible. La situation de l'Angleterre n'est pas plus complète; dans ce qu'elle appelle ses alliances, la Grande-Bretagne a pour elle, du moins, en majorité, les princes et les aristocraties; contre elle, les classes moyennes et les masses. Les parts sont égales, si la nôtre n'est pas la meilleure. C'est pour cela, je le répète, qu'il n'est pas de coalition possible et qu'il n'existe pas d'alliances intimes. L'Allemagne constitutionnelle et libérale diffère essentiellement de l'Autriche, qu'elle méprise, et dont elle attaque manifestement, malgré les ménagements imposés par la censure, la conduite en Gallicie et même en Italie. Une affection de famille très-étroite unit les cours de Berlin et de Moskow; mais la Prusse se révolte à la seule idée de l'influence russe. Les gouvernements de ces pays ne pourraient donc se mettre d'accord que sur une question de territoire, et c'est sur la mer et dans une colonie africaine que la France veut développer son activité civilisatrice.

Les Anglais seuls peuvent s'en inquiéter; mais, si habiles qu'ils soient, ils ne feront plus croire aux peuples que l'Europe est intéressée à la suprématie maritime, coloniale et industrielle de la Grande-Bretagne. Le blocus continental a porté ses fruits. L'Europe comprendrait, au contraire, que si la France l'emportait dans un duel naval, les peuples seraient plus heureux, puisque c'est exclusivement sur les privilégiés de tous les pays que s'appuie l'Angleterre. Tous les vœux ne seraient pas pour nous, mais nous en réunirions assez pour qu'il nous fût permis, cette fois, d'employer la majorité de nos forces contre notre adversaire et de nous faire part égale au vent et au soleil.

Quelles seraient les chances de ce duel?

La séparation de principes s'est opérée ouvertement entre la France et l'Angleterre sous le règne de Louis XI. Les conquérants qui avaient implanté si profondément en Angleterre la loi féodale-normande, voulaient soumettre à cette loi la France, leur mère patrie. Ils échouèrent dans leur tentative, et, pour qu'ils ne pussent la renouveler, l'habile fils de Charles VII attaqua à coups redoublés la féodalité, qui perdit bientôt dans Charles le Téméraire son plus énergique appui. Depuis lors, Angleterre et France ont toujours marché en sens contraire, si bien que, malgré la similitude extérieure des institutions, rien n'est plus dissemblable au fond que ces deux pays.

Ce n'est pas une raison de nous haïr, la haine est un sentiment sauvage trop invoqué durant le dernier siècle et les vingt-cinq premières années de celui-ci; mais ce n'est pas une raison de croire que la lutte soit finie. Il faut que la loi établie dans la Grande-Bretagne par nos chevaliers normands et angevins soit remplacée par la loi démocratique : c'est pour nous une affaire d'honneur, bien plus, de mission providentielle. La paix et l'alliance sont d'excellents moyens, les meilleurs sans doute, d'atteindre ce but, s'il faut en juger par l'effet de ces quinze dernières années. Il est impossible, en dépit des expédients énergiques employés par sir Robert Peel, que l'Angleterre ne comprenne pas qu'elle est hors des voies de l'association moderne, et que par un contact habituel elle n'use son privilége contre notre droit commun ; car si l'erreur est d'acier, la vérité est de diamant. Encore trente ou quarante ans de paix, et notre cause est gagnée.

Mais la paix durera-t-elle trente ou quarante ans ? mais ne voudra-t-on jamais nous la faire payer d'un prix exorbitant ? mais l'alliance, dont nous désirons tous le maintien, n'exigera-t-elle jamais rien de contraire à notre dignité ? Bien hardi qui oserait résoudre toutes ces questions par l'affirmative. La prudence conseille donc d'examiner les éventualités et les chances d'une guerre qu'il convient d'éviter par tous les moyens honorables, mais qu'il ne faut pas craindre. La vapeur a jeté des centaines de ponts sur la Manche : on peut aujourd'hui passer à toute heure et par tous les temps de France en Angleterre.

L'armée anglaise, non compris celle des Indes, est de CENT HUIT MILLE HOMMES ; 55,000 sont employés dans les colonies, 45,000 restent pour la défense de la métropole. Les vétérans peuvent fournir 10 à 12,000 hommes. On obtiendrait un assez bon service de la *yeomanry*, garde nationale à cheval très-aristocratique. La milice, qu'on parle de réorganiser, produirait 30,000 hommes sur lesquels, sauf pour le courage, on devrait médiocrement compter. En élevant à 85,000 le chiffre des troupes que l'Angleterre pourrait réunir pour la défense de son sol, on n'est certainement pas en deçà de la réalité. Les masses populaires ne seraient d'aucun secours au gouvernement ; d'abord parce qu'elles ignorent absolument l'usage du fusil ; en second lieu, parce que l'aristocratie ne se hasarderait point à leur confier à l'avance des armes. Sur ces 85,000 hommes, combien devraient être employés à garder l'Irlande ? Si O'Connell était mort, ce ne serait pas trop de la moitié de l'armée anglaise pour accomplir cette rude tâche. Il convient cependant de faire les plus larges suppositions : l'Angleterre aurait, garnisons déduites, 60,000 soldats pour tenir la campagne.

On a parlé des chemins de fer, qui permettraient de porter en vingt-quatre heures cette masse de troupes sur un point quelconque du littoral. Pour conduire un bataillon de 7 à 800 hommes à la revue, il faut un formidable convoi. Que serait-ce donc de 60, de 40, de 10,000 hommes seulement, avec leurs bagages, leurs munitions, leurs outils, leurs vivres, leur artillerie ? Et si les coureurs de l'ennemi faisaient sauter, à cinq ou six lieues en avant, un pont, un tunnel, ou seulement quelques rails, quelle confusion !... Qui empêcherait d'ailleurs l'artillerie ennemie, maîtresse d'une des têtes du chemin, de courir au-devant du convoi jusque-là où il devrait être arrêté par un obstacle préparé, et de l'écraser sous ses projectiles ? Le rôle des voies ferrées dans la guerre a été singulièrement exagéré. Elles seront d'une grande utilité pour expédier, sur un point libre encore et dont l'attaque sera prévue, du matériel et même des troupes ; mais compter sur ces voies pour opérer des mouvements en avant quand le canon tonne, quand les lignes sont tournées ou traversées par les courreurs, ce n'est pas un calcul sérieux.

Le débarquement pouvant être effectué sur cent points différents de la côte d'Angleterre , un général habile n'essayera pas de s'y opposer à la course ; il choisira en arrière un lieu de concentration pour réunir ses troupes, couvrir Londres, ou marcher en force à l'ennemi. Cette opération se serait parfaitement exécutée avant l'invention des chemins de fer. L'Angleterre n'est pas si grande qu'un ennemi ait jamais pu espérer d'arriver à la capitale en ne combattant qu'une partie des forces du pays. Romains, Danois, Saxons, Normands, tous ceux qui ont conquis l'Angleterre ont eu à livrer une grande bataille. Les chemins de fer n'ont pas modifié la question. S'ils la modifient, ce n'est que dans un pays ayant à défendre comme la France des frontières distantes entre elles de 1,000 kilomètres. Encore ici l'expérience devra-t-elle être soigneusement interrogée.

L'armée anglaise, un peu pesante dans ses mouvements, a des feux excellents ; bien vêtue, bien nourrie, bien abreuvée, elle défend ses positions avec une rare énergie ; et si elle est forcée enfin de les abandonner, sa retraite s'opère en bon ordre. On ne peut attaquer une telle armée, sur son propre sol, qu'à nombre égal. L'armée d'invasion doit donc se composer de 110,000 hommes, avec une puissante artillerie, savoir : 60,000 pour marcher sur Londres, 20,000 pour réserve, 20,000 pour la garde du camp, base d'opérations ; 10,000 pour pertes maxima dans la traversée et le débarquement ; total égal : 110,000 hommes, à peu près le tiers de l'effectif que nous entretenons sous le drapeau en pleine paix.

Combien faudrait-il de navires de la force moyenne de 200 chevaux pour transporter cette armée?

On dit 300. C'est dire 60,000 chevaux de vapeur. La marine de l'État n'en fournirait que 30,000 ; le commerce fournirait-il les 30,000 autres? Il n'est pas permis de compter actuellement sur un aussi puissant concours de l'industrie privée.

Mais n'exagère-t-on pas les exigences et les difficultés d'un transport à si courte distance, et, d'ailleurs, est-il indispensable qu'une armée de 110,000 hommes arrive en un seul jour sur le sol britannique? C'est ici le lieu de rappeler trois choses : que nous ne saurions empêcher les Anglais de couvrir Londres ; qu'il faudra passer sur leur armée pour arriver à la capitale ; que ce n'est pas en quelques instants qu'on organise en Angleterre des forces militaires. Après avoir pris pied avec 60,000 hommes bien approvisionnés, nous attendrions avec sécurité les corps de seconde ligne et de réserve. On ne jette pas 50 à 60,000 bons soldats à la mer, quand on n'en a qu'un nombre égal à leur opposer. C'est seulement pour nous porter en avant qu'il est prudent de compter des forces plus considérables. Eussions-nous les moyens de transport exigés, il serait convenable de ne pas lancer toutes nos troupes le même jour, le désordre étant presque inévitable dans un convoi trop nombreux et l'encombrement pouvant devenir funeste au premier moment sur le point de débarquement. Il nous suffit de tenir réuni un

corps d'armée capable de résister à toutes les forces an-
glaises, le système d'éparpillement n'étant pas meilleur
en guerre qu'en administration. Ainsi, fût-elle constatée,
l'impossibilité de transporter simultanément toute l'armée ne commanderait pas de renoncer à l'expédition.
Elle n'en compromettrait même en rien le succès.

Les Anglais, avec leur flotte à voiles et leurs nombreux
steamers de l'État et du commerce, barreraient la Manche
et jetteraient, dit-on, le désordre, la mort, le naufrage
dans l'expédition dirigée contre leur île.

C'est là ce que ne croira jamais quiconque a réfléchi sur
les difficultés réelles de l'entreprise. La flottille de Bou-
logne, sujette des vents et naviguant mal, eût pu éprouver
un désastre, bien que, dans de nombreuses rencontres,
elle se soit parfaitement maintenue devant les Anglais.
Cependant, si la coalition de 1805 n'eût pas éclaté subi-
tement, ou si Villeneuve, plus habile, eût su arriver
devant les dunes, s'y fût-il laissé vaincre comme à Trafalgar, la flottille partait protégée par cette grande con-
flagration navale, et l'aristocratie britannique était abattue.
Comment ce qui n'était pas impossible avec de méchants
bateaux plats à voiles le serait-il devenu avec des navires
mus par le feu et filant en moyenne sept ou huit nœuds
à l'heure? Il faut se faire une idée nette de cette grande
opération. Un seul vapeur part; il est observé par un
autre qui lui donne la chasse; s'il est atteint, le combat
s'engage, et s'il est vaincu, sa mission est manquée. Les
choses ne se passent point ainsi lorsqu'il s'agit de deux
flottes, dont l'une a pour but, non une victoire navale,
mais l'atterrissement à un point donné et voisin. Cette

flotte combat en marchant, elle sacrifie, au besoin, une certaine quantité de ses vaisseaux pour arrêter l'ennemi, et nécessairement elle arrive.

La durée moyenne du trajet de France en Angleterre serait de cinq heures pour une expédition. Nos vapeurs de guerre ne marchent pas plus mal que ceux de nos voisins ; rien ne peut donc nous contraindre à accepter la bataille quand nous ne voulons que le passage. On nous le fera payer par des pertes plus ou moins douloureuses, mais il est à nous si nous sommes résolus à l'enlever.

Évaluer au dixième les pertes de l'armée dans la traversée et le débarquement, c'est taxer bien haut les chances fatales.

On a beaucoup parlé des défenses des côtes d'Angleterre. Les ports, les arsenaux, tous les points que pourrait attaquer une flotte de bataille, tous ceux où pourrait se préparer une expédition contre la France, sont ou seront fortifiés. Mais l'Angleterre ne peut se donner une ceinture de fortifications comme Paris, et l'on trouvera toujours une multitude de points pour le débarquement d'une armée. Toute la question consiste à se procurer, pour l'avant-garde, vingt-cinq à trente vapeurs tirant très-peu d'eau et pouvant serrer de près la côte. Porter une armée en Angleterre n'est pas une petite affaire ; mais il ne faut pas se créer des difficultés chimériques. La France compte en ce moment 1432 officiers de marine et 200 élèves de première classe qu'on doit ranger aussi dans l'état-major. Si on les interrogeait sur la possibilité d'une descente en Angleterre, dans l'état actuel de la science navale, il est permis de dire que toutes les

voix se prononceraient pour l'affirmative. Un débarquement n'est pas moins praticable de la part des Anglais
sur notre littoral. Relevons nos batteries de côtes et pla-
çons-y 10,000 canonniers ; ils n'empêcheront pas une
armée anglaise d'atterrir. Il y aura cette différence, que
l'armée anglaise, se composât-elle de toutes les forces
disponibles de la Grande-Bretagne, ne pourrait se maintenir contre nos troupes, au moins quintuples en nombre,
et contre nos gardes nationales. Notre littoral aurait
beaucoup à souffrir pendant un moment. Paris, nos lois,
notre gouvernement, notre organisation sociale, ne cour-
raient aucun danger sérieux ; tandis que si nous débar-
quions en Angleterre, en quelques jours nous aurions
porté le coup mortel au principe aristocratique.

Napoléon disait : « Si la descente se fût effectuée,
nous nous fussions présentés, non en vainqueurs, mais
en libérateurs. » Cinquante ans bientôt se sont écoulés, et
malgré l'habileté, le bon vouloir, la modération du gouvernement britannique, la situation est encore la même.
Dans un pays où le sol appartient à quelques centaines
de familles, où toutes les affaires industrielles sont dans
la main de grandes compagnies, le droit écrit peut être la
liberté, mais le droit coutumier des masses sera toujours
le servage, le pire de tous les servages, celui qu'imposent
la misère, la faim, les mœurs corrompues.

Le rôle de la flotte à voiles, de la flotte de bataille, dans
une descente, est tracé dans l'ordre que Napoléon avait

donné à Villeneuve, de venir à tout prix devant les dunes, et de s'y faire écraser s'il le fallait, pour protéger le passage de la flottille.

L'Angleterre est une grande, une formidable puissance maritime, toutefois pas plus forte sur mer que la France, si l'on tient compte, de part et d'autre, des moyens et des difficultés.

L'Algérie, qui nous offre la plus belle position stratégique et navale, ne saurait être bloquée de manière à ce que le blocus l'oblige à capitulation; l'Angleterre ne peut l'attaquer avec une armée : ce serait dégarnir son propre territoire, et nous négligerions Alger pour courir sur Londres. Toulon n'a pu être pris que par trahison. La Corse demeure invulnérable dans ses rochers et ses makis, et présente des rades que l'on peut facilement défendre. Voilà le lot de la France. Gibraltar est un rocher où il faut incessamment apporter tout ce qui est nécessaire à la vie, un rocher qui a l'air de commander à tout et qui ne commande à rien. Malte est à peu près comme Gibraltar, sous le rapport des subsistances; si sa flotte éprouvait un échec dans la Méditerranée, l'Angleterre ne conserverait pas Malte six mois, trois mois peut-être; les îles Ioniennes appellent un libérateur. Notre part dans la Méditerranée est tout à la fois et plus large et plus facile à garder.

En Amérique ce qui fait notre force, c'est, d'abord, qu'entre les États-Unis et la France toute rivalité est absente; en second lieu, c'est que nous pouvons abandonner nos colonies à elles-mêmes, les perdre s'il le fallait pour un temps, sans que notre puissance en fût sensiblement affectée. L'Angleterre, au contraire, est tenue de défendre à outrance ses colonies américaines, surtout celles du continent, qu'elle ne retrouverait jamais si elle les perdait un moment. Les Canadiens sont toujours prêts à venger, sur les Anglais, la défaite du brave, de l'habile, de l'infortuné Montcalm, et les États-Unis n'attendent qu'une occasion pour prononcer cette annexion nouvelle.

Dans la Manche, l'Angleterre est un colosse naval. Cependant il suffit de Cherbourg, qui contiendrait, à l'abri des fusées et des brûlots, une flotte à vapeur portant une armée, pour faire sentir au colosse qu'il est vulnérable dans son île.

Contester la gloire d'un ancien ennemi, d'un ennemi vainqueur, n'est pas d'un esprit bien situé; mais la courtoisie n'oblige point au mensonge. La vérité est que l'Europe continentale a donné à l'Angleterre l'empire des mers que nous avions partagé sous Richelieu, sous Louis XIV, sous Louis XVI. Vous avez entendu, messieurs, les raisons pourquoi je suis convaincu que l'Allemagne, qui pèse d'un poids si décisif en Europe, ne persiste pas dans cette injustice à notre égard. Maintenant permettez-moi de dire comment la France, grande puissance navale par sa position, par son personnel, par la qualité, et, quand elle le voudra, par la quantité de ses navires, peut développer promptement sa grande colonie africaine.

L'Algérie doit nous assurer le PREMIER RANG POLITIQUE ET NAVAL sur la Méditerranée. Tel est l'objet de la conquête. Son but, qu'il n'est besoin de dissimuler ni devant l'Europe ni devant les Arabes, est la propagation de la civilisation chrétienne en Afrique.

Le premier, le plus impérieux des devoirs du gouvernement est donc de créer, à tout prix, dans le plus bref délai, un grand port à Alger, et près d'Oran une grande rade fermée. Il faut que notre flotte de bataille et notre flotte à vapeur soient assurées de trouver sur le littoral de l'Algérie des appuis solides et toutes les ressources nécessaires pour se réparer après un combat. Cette nécessité marche, de bien loin, avant celle de la colonisation. Il a été démontré, je l'espère, dans les lignes qui précèdent, qu'une armée de 70 à 80,000 hommes ne pouvait être ni bloquée hermétiquement, ni affamée au milieu d'un pays assez fécond pour nourrir de 2 à 3 millions d'habitants, dont plus de la moitié ne nous est point radicalement hostile. Ce n'est pas la colonisation qui est la partie la plus difficile de notre tâche. L'armée y pourvoit en ouvrant des routes, en jetant des ponts, en accoutumant les indigènes à reconnaître l'irrésistible supériorité de nos armes. Ce qui doit d'abord préoccuper la France, c'est de se donner les moyens d'utiliser sa conquête, c'est d'obtenir un réel accroissement de puissance en retour des sacrifices qu'elle s'impose.

Il existerait en Algérie 500,000 colons y faisant tous d'excellentes affaires, que la France ne serait pas plus puissante si elle ne possédait sur le littoral ces grands établissements militaires qui seuls, en cas de lutte, permettent de tirer parti des forces d'un pays. Notre armée vivrait mieux, avec beaucoup moins de fatigues; nos colons n'auraient à supporter qu'un service de milice assez doux; mais nos flottes n'auraient acquis aucun nouveau refuge, aucune certitude nouvelle de pouvoir se réparer sans regagner Toulon. Nous posséderions, sans être en mesure d'en user, une position dont les Carthaginois les premiers, les Romains ensuite, ont montré l'avantage. La guerre étant venue, si nous ne pouvions, à l'aide des défenses et des ressources créées pour notre marine, surveiller, saisir tout ce qui sort du détroit et tout ce qui veut y entrer; si nous étions dans l'impossibilité de transporter un corps d'armée expéditionnaire en Espagne, sur les côtes de l'Adriatique, en Syrie, en Égypte, ou aux Dardanelles, pour s'emparer d'une des rives et assurer le passage de la flotte qui irait sauver Constantinople, la France n'aurait acquis au prix de 5 ou 600 millions et de la vie de 150,000 hommes que quelques champs de plus. Or, ce n'est pas, il faut le répéter, de terres cultivables que la France a besoin; c'est de puissance, et surtout de puissance navale.

J'approuve, j'appuie, j'aime la colonisation de toutes mes forces; mais, daignez pardonner cette expression triviale qui seule rend bien ma pensée : On ne doit pas mettre la charrue devant les bœufs. L'armée tient l'Al-

gérie et la tient ferme, quoi qu'on en ait pu dire ; elle la
sillonne dans tous les sens et la prépare à la colonisation
par la guerre, institutrice violente, mais trop calomniée,
car tout ce que le monde possède de sciences, la guerre
le conduit avec soi et s'en sert aujourd'hui. Pour arriver
en Algérie il a fallu des vaisseaux, de bons vaisseaux et
de bons officiers ; pour en sortir, c'est-à-dire pour
rayonner sur les points commandés par cette magnifique position, une flotte munie de toutes les ressources
possibles n'est pas moins indispensable. On se plaint
que les villages s'élèvent lentement, que les cultures
soient encore misérablement restreintes ; que les colons
se trouvent exposés aux acerbités de l'autorité militaire ;
tout cela est regrettable. Nous le regrettons tous. Cet état
de choses doit cesser, il cessera certainement ; mais ce
n'est pas là le plus pressé. Ce qui est urgent, ce qu'il faut
se donner avant tout, à tout prix, c'est une grande organisation militaire et navale. L'histoire enseigne qu'il n'est
pas un pays qui ait commencé par les institutions civiles.
Les institutions militaires ont reçu un développement
plus ou moins large, selon les circonstances et les loca-
lités ; mais tout pouvoir ayant une idée nette de l'organisation des États a débuté par l'établissement de la
puissance armée.

De ce que l'Algérie appartient à la France, de ce qu'elle
est destinée à faire partie intégrante de la France, il ne
résulte point que ce soit par ce qui existe en France qu'on
doive décider de ce qui convient dès à présent à l'Algérie.
Ceux de nos concitoyens qui vont s'établir dans le nord
de l'Afrique ne doivent pas oublier qu'ils deviennent

habitants d'un pays où il y a 16 ans les chrétiens étaient
réduits en esclavage. La souveraineté, le drapeau de la
France, sont là ; la charte n'y est pas encore.

L'y proclamer ne serait pas seulement une témérité,
ce serait un acte de démence. Aux situations exceptionnelles il faut des mesures exceptionnelles. Bien des cor-
respondances de colons et de voyageurs passent par les
mains des journalistes ; jamais rien d'acceptable au point
de vue de la raison d'État ne s'est rencontré dans les lettres qui m'ont été adressées ; non que leurs auteurs
manquent d'esprit, de bonne foi, de talent, de savoir, de
connaissances précises des détails ; seulement ils ne peuvent s'imaginer que, n'étant pas beaucoup plus loin de
Toulon que Toulon n'est de Paris, ils ne sont plus dans
cette France, pays d'unité, d'uniformité, où ce qui est licite
en un lieu l'est dans tous. Le gouvernement civil avec toutes ses garanties leur convenant parfaitement, ils ne ces-
sent de le réclamer en déclarant le pouvoir militaire
applicable seulement aux indigènes. Erreur grave qui a
failli un moment d'être acceptée. L'esprit, l'essence de
notre législation, c'est l'égalité ; on pourra procéder par
zones de territoire à l'établissement de cette égalité ;
mais tant que dans ces zones qui doivent être très-lar-
ges et ne point éprouver de solution de continuité, les
exceptions seront indispensables, elles devront peser sur
tous, quoique à des degrés différents.

D'ailleurs, malgré les assertions contraires, le moyen
le plus prompt d'amener l'Algérie à la jouissance de nos
libertés, de nos drois civils, c'est le développement hardi,
exclusif même, s'il le faut pour marcher plus vite, des

grands établissements de guerre et de marine. La puissance appelle la confiance, la confiance la richesse. Notre puissance morale ne s'est-elle pas développée à mesure que l'armée a été plus nombreuse, plus active? Quelqu'un oserait-il affirmer qu'il n'existe pas plus de confiance aujourd'hui en Algérie qu'en 1837 ou même en 1841 ? Si l'on eût donné 80 à 100,000 hommes au maréchal Clauzel, il eût fait ce que le maréchal Bugeaud a exécuté, car c'était un habile homme de guerre que le maréchal Clauzel, un brave général qu'on a désespéré en lui disant toujours : Administrez ! administrez ! quand c'était encore l'heure de combattre pour la domination ! L'Algérie en serait aujourd'hui où elle en sera dans dix ans, si l'on ne se fût imaginé qu'on terminerait plus promptement en s'occupant de la fin, sans tenir ni commencement ni milieu. Ayons de grands édifices, de grands ports, de grands arsenaux, une grande armée ; faisons comprendre aux Arabes, à l'Europe, au monde entier que nous fondons en Algérie un établissement éternel : les colons et les capitaux arriveront en foule sans qu'il soit besoin de les appeler.

Sans doute, il eût été désirable que l'ont prît d'abord de meilleures mesures en ce qui touche la propriété ; mais prit-on jamais de bonnes mesures dans un pays où l'on ne sait pas si l'on se maintiendra ? Des ordonnances plus efficaces sont intervenues depuis que le duc d'Orléans a déclaré que l'Algérie était une terre a jamais française ; depuis qu'on a élevé l'effectif de l'armée de 40 à 60, puis à 80, puis à 100,000 hommes. A quoi eussent servi ces ordonnances si Abd-el-Kader eût pu, comme en 1839, venir ravager le Sahel? Encore une fois, tous les États commencent par la puissance militaire. C'est avec les troupes permanentes établies par Charles VII que Louis XI a fondé l'ordre nouveau qui a remplacé en France la féodalité. La Prusse n'a été pendant bien longtemps qu'une caserne supérieurement disciplinée ; elle est aujourd'hui le royaume le mieux administré de l'Allemagne, demain elle sera une monarchie constitutionnelle. La séparation bien nette, bien tranchée de l'autorité civile et de l'autorité militaire, n'arrive que tard, quand la guerre n'est plus qu'un accident, quand la vie civile est partout. Et nous avons à vivre en Algérie avec des populations qui connaissent les trêves, mais ignorent la paix ; avec des populations qui ne cèdent qu'à la force et dont nous devons modifier profondément l'organisation. On gouverne la balance à la main les peuples faits ; les peuples à faire ne se laissent façonner que par l'épée.

Pas un seul colon ne voudrait accepter le système d'extermination des indigènes ; cependant, si nous faisons en Algérie une France tout d'une pièce, comment les Arabes s'y ajusteront-ils? Et s'ils ne s'y ajustent pas, qu'en ferons-nous? Des sujets? Cela n'est ni dans notre esprit, ni dans nos mœurs. Les Anglais sont les maîtres et les exploiteurs de l'Inde ; nous ne sommes capables, nous, Français, que de trois choses : de pousser indéfiniment les Arabes dans le désert, de les détruire, ou de nous les assimiler. Tel est notre génie national. Le leur est de ne s'attacher qu'à ce qui présente un caractère évident de permanence. Ces ports, ces arsenaux, tous ces formidables établissements que je demande, fussent-ils inutiles autant qu'ils sont indispensables à notre grandeur, il faudrait les créer pour imposer l'admiration aux Arabes, et les amener par un noble sentiment à cette assimilation que la terreur seule ne produirait pas.

On dit, il est vrai, que la différence de religion rend l'assimilation impossible, et que ce sera beaucoup si l'on obtient la soumission matérielle. C'est là une opinion fondée sur le souvenir des croisades, non sur l'étude attentive de la difficulté.

L'islamisme participe du judaïsme et du christianisme. Nous nous sommes assimilé les juifs, à ce point qu'il n'est plus permis, pour s'exprimer exactement, de parler de juifs français ; on doit dire : les citoyens français du culte mosaïque. Il existe des différences moins profondes qu'on ne le suppose entre les chrétiens et les musulmans. Si l'on retranchait du code musulman la faculté, dont la très-grande majorité n'use pas, d'épouser plusieurs femmes, on serait émerveillé de voir combien les deux sociétés auraient de facilités pour s'entendre. Nous sommes plus près des musulmans que des juifs, avec lesquels pourtant la fusion civile et politique a été complète dès que nous l'avons voulue.

Mahomet est un grand prophète. Il a fait reconnaître l'unité de Dieu par des peuples livrés à l'idolâtrie; il a proclamé l'égalité de tous les hommes devant la loi, et sur cette égalité il a bâti son règne. Ne sont-ce pas là de nobles, de saintes idées? On a reproché à Mahomet d'avoir exclu les infidèles de cette égalité, base de sa loi. Mais la catholicité n'a-t-elle pas dit : hors l'Église point de salut? Mais tous les chrétiens n'ont-ils pas exclu les juifs de la communauté civile et politique? Mais les droits des Irlandais n'ont-ils pas été restreints, jusqu'en 1829, par des considérations religieuses? L'intolérance n'est point particulière à l'islamisme. On condamne Mahomet sur l'incendie de la bibliothèque d'Alexandrie, ordonné par un lieutenant farouche : Rome est-elle fort amateur de la liberté de la librairie, comme parle l'encyclique de 1832? Les Arabes ont prouvé, en réveillant avant les chrétiens les sciences et les lettres, que leur religion ne les oblige pas à l'ignorance. Les mœurs, les croyances de l'Arabie au temps de Mahomet, l'ont convaincu que pour rompre avec l'idolâtrie il fallait laisser la femme enfermée sans droits apparents dans le sanctuaire domestique. Mais l'exhérédation du sexe n'est pas aussi formelle qu'on veut le dire ; tout musulman vénère sa mère, respecte sa fille. Son culte n'est donc pas un obstacle absolu au rétablissement des droits de la femme.

On juge trop de l'islamisme par les Turcs, nation devenue indigne d'une domination, qu'elle exerce seulement parce que Constantinople offre une position où l'Europe craint de voir s'établir un maître. Mahomet a pris pour base de sa religion, de son gouvernement, le droit le plus cher aux peuples modernes : l'égalité. S'il n'eût commis la faute, commune à tous les théocrates, de confondre la loi civile et la loi religieuse, ses successeurs eussent certainement opéré dans le monde une immense révolution démocratique. Toute la question entre les Arabes, les Kabyles de l'Algérie et nous, est dans la séparation du spirituel et du temporel. Si cette sépara-tion est praticable, la fusion des deux sociétés sera complète avant que deux générations se soient écoulées.

L'exemple des croisades a singulièrement trompé l'o-pinion sur la possibilité de rapprochements intimes avec les musulmans. C'étaient alors deux religions qui cher-chaient à s'abattre ; aucune transaction n'était propo-sable, puisqu'il s'agissait, de part et d'autre, de la vérité absolue. Ajoutons que la discussion n'ayant que bien peu de prises sur les choses de la religion, non démontrables de leur nature, une guerre religieuse exalte les passions au dernier paroxysme. Si nous étions les fils des croisés, nous recommencerions une lutte qui n'aurait pour issue que l'anéantissement ou l'expulsion d'un des partis. Dieu merci, nous sommes les fils de Voltaire. Notre drapeau ne porte pas seulement le mot tolérance, on y lit : ÉGALITÉ DES HOMMES ET DES RELIGIONS DEVANT LA LOI. Dans ce signe nous vaincrons, parce qu'il écarte toutes les disputes religieuses, qui, obscurcissant la rai-son, rendent les hommes furieux. L'égalité légale entre les religions, n'a rien de blessant pour aucune ; elle n'entend point définir leurs mérites, chacun reste maître de croire la sienne la meilleure ; cette égalité constate au contraire une grande conquête religieuse. Les rapports de l'homme à Dieu sont aujourd'hui si intimement ré-vérés, que nul ne se reconnaît le droit de vous en de-mander compte, si vous ne troublez la société sous pré-texte d'adorer celui qui a créé les sociétés.

Les Arabes ont déjà commencé de comprendre que ce qu'ils qualifiaient chez les Français, d'irréligion ou d'indifférence religieuse, est de tous les sentiments le plus respectueux envers les cultes. L'œuvre s'achèvera donc promptement si les fils de croisés ne s'en mêlent et ne viennent tout gâter par le zèle de la propagande et l'amour des conversions.

Les musulmans adorent le même Dieu que nous; ils respectent Moïse, ils proclament Jésus grand prophète; seulement, ils croient que Mahomet est le prophète des prophètes, et que toute loi religieuse est inférieure à la leur. Point de controverse à cet égard; mais appliquons-nous à leur démontrer, car cela est susceptible des plus claires démonstrations, que notre loi civile est préférable à leurs usages; que cette loi, si elle impose quelques restrictions à la puissance du père et du mari, donne, en échange, le droit de propriété individuelle à l'abri de toute confiscation, le droit de se plaindre de l'injustice des chefs sans courir le danger d'avoir la tête tranchée, le droit d'être interrogé si l'on est arrêté, défendu si l'on est jugé, d'aller, de venir, de fabriquer, de commercer à des conditions connues à l'avance et égales pour tous. Appuyons ces discours par des exemples : aux Arabes que nous pouvons amener en France, montrons nos villes, nos monuments, nos routes, nos ponts, nos richesses artistiques et industrielles; inspirons à ceux qui restent en Algérie l'admiration pour nos établissements, pour nos travaux de toute nature; enveloppons-les de nos idées, de nos mœurs, et répétons chaque jour, à tout propos, que c'est la civilisation chrétienne, non la religion chrétienne,

que nous voulons développer en Afrique ; les religions,
sous le rapport dogmatique, n'étant pas du domaine des
gouvernements.

Bien que Mahomet ait déclaré, pour éviter tout schisme,
que le Koran était dicté par Dieu, des schismes se sont
manifestés. Il existe quatre grandes sectes dans l'islamisme et beaucoup de petites sectes ; les commentaires
de la loi sont nombreux et contradictoires ; par ambition, des marabouts ont prêché la guerre sainte ; par
ambition ou par raison, d'autres marabouts peuvent
prêcher la paix sainte ; il se rencontrera des docteurs qui
démontreront que le spirituel et le temporel peuvent
être séparés dès qu'une grande force permanente et
de grands intérêts auront fait de cette séparation une
nécessité. Un ministre turc, qui a la parole plus hardie
que la main en administration, disait en 1839 : « La di-
vision du spirituel et du temporel, vous avez raison : là
est notre salut ; aidez-nous à l'opérer. » Sultan Mahmoud
déclarait que, s'il vivait dix ans encore, on ne reconnaî-
trait plus, parmi ses sujets, le musulman qu'à la mos-
quée, le juif qu'à la synagogue, le chrétien qu'à l'église.
Ce que Mahmoud voulait, ce que son fils sera forcé de
vouloir à son tour, pourquoi la France ne l'accompli-
rait-elle pas sur une population de moins de 3 millions
d'âmes que tous ses oracles ont trahie, et qui n'a jamais
pu se procurer par la ruse que de petits succès, expiés par
de grandes humiliations ?

Les Arabes, autrefois conquérants, ont sur les droits
de la conquête les idées les plus favorables à notre puissance ; mais pour que ces idées opèrent, il faut que nous

nous montrions forts, extrêmement forts. Pour nous,
Dieu est la justice et la bonté ; pour les musulmans, Dieu
est la force et la justice. La force avant tout, au-dessus
de tout.

La province de Constantine est, en général, soumise ;
les Kabyles, dont quelques-uns ont éprouvé la valeur de
nos armes, sont disposés à vivre avec nous dans de bons
rapports de neutralité. Il convient, de ce côté, de laisser
aller les choses de leur pas naturel. Rien ne presse absolument. On doit prêter appui aux colons qui veulent s'é-
tablir près de Bone, de Guelma, de Philippeville, mais
sans attacher une importance exagérée à ces entreprises.
J'oserai en dire autant de la Mitidja. Il est à souhaiter
que les cultures s'y développent, que les colons y fassent
de bonnes affaires ; mais là n'est pas la voie la plus
courte et la plus sûre à mon avis. Nos adversaires les plus
redoutables, les plus actifs, sont dans l'ouest : c'est en
face d'eux, près d'eux, sur eux que nous devons porter
la colonisation.

Que toute tribu qui abandonne son territoire sache
bien qu'il est perdu pour elle sans retour, et que, si elle
obtient l'aman, ce sera à la condition d'être internée,
disséminée sur des champs où elle sera obligée de se
fixer. Que toute révolte soit punie de même, car c'est à
l'organisation sociale des Arabes qu'il faut s'en prendre,
bien plus qu'à leurs personnes. La paix sera partout

quand l'ouest sera pacifié, quand il comptera VINGT MILLE CULTIVATEURS EUROPÉENS. « Et où, grand Dieu ! les prendre ? dira-t-on. Les civils n'iront à aucun prix ; les libérés du service, on a essayé de les retenir, et l'on n'y a pas réussi ; ceux qui avaient encore trois ans de service à faire sont partis le jour de leur libération, laissant tout ce qu'on leur avait donné, maison, bétail, meubles, semences. » Il me serait permis de dire qu'en s'y prenant mieux, on aurait obtenu un autre résultat : j'accepte les faits sans les discuter.

On n'aura ni colons civils, ni colons militaires, soit ; mais n'aura-t-on pas des régiments ? Eh bien, on augmentera, s'il le faut absolument, l'effectif de l'armée. On bâtira des camps qui deviendront des villages ; les soldats cultiveront par ordre, sous la surveillance de leurs officiers ; les récoltes seront faites en commun, et, selon ce qu'elles auront produit, des gratifications seront distribuées aux compagnies. De grands postes protégeront les travailleurs. Ce sera de l'agriculture officielle, plus coûteuse que l'agriculture particulière, mais la puissance de la France s'implantera dans le sol. Quand ces régiments auront fini leur temps, d'autres les remplaceront ; les soldats mariés pourront contracter un réengagement de six ans au moins : à cette condition, ils deviendront propriétaires d'une habitation et d'une portion de terre qui sera déterminée. Mais on ne devra prier, solliciter personne ; tant que les chances de sécurité, de bien-être ne seront pas évidentes, à quoi bon retenir des colons qui travailleraient sans confiance ? La confiance ne se commande pas. Seulement, je prie qu'on veuille bien considérer ce qui arrivera dans toute la colonie lorsque l'ouest, sous la pression de 60,000 soldats, dont 40,000 combattant et 20,000 cultivant, sera entré complétement dans des habitudes d'ordre, de paix et de civilisation.

Y aura-t-il alors un seul lieu cultivable dans l'Algérie où les colons libres ne s'empressent de courir? La Mitidja, la plaine de Bone, celles de Guelma, de Philippeville seront couvertes de travailleurs dès qu'on sera assuré que l'ennemi intérieur, soit Abd-el-Kader, soit un autre, est définitivement privé de ses moyens de recrutement, et qu'il n'y a plus de razzias à craindre. L'autorité du général, le bras du soldat, voilà les instruments qui doivent rendre l'Algérie colonisable. Elle le sera seulement sous le canon de quelques places, tant qu'il y aura un foyer de révolte et de guerre dans l'Ouarensenis et la province d'Oran. Il faut oser prendre corps à corps la difficulté qui, dans sa chute, entraînera toutes les autres.

Deux objections peuvent être élevées contre les vues que j'expose. La première touche à l'affaiblissement que devra éprouver notre armée continentale par une nouvelle augmentation de celle de l'Algérie ; l'autre est relative à l'accroissement des dépenses quand le budget présente de nombreux découverts.

L'effectif de l'armée est de 344,000 hommes. Si la réserve était composée de soldats exercés, on pourrait,

au premier symptôme de guerre, en rappeler 100,000
sous le drapeau : nous aurions alors 340,000 hommes
pour le premier choc sur le continent et 110,000 en
Algérie; ce serait une force suffisante.

Dans sa constitution actuelle, ce ne serait pas les hommes qui manqueraient à notre armée, ce serait les soldats
faits. La loi du recrutement met à la disposition du gouvernement sept contingents de 80,000 hommes ; mais
chaque contingent ne produisant net que 65,000 jeunes
gens pour le département de la guerre, et des non-
valeurs se manifestant chaque année, on ne doit pas
élever à plus de 360,000 le total des hommes produits
par le recrutement. En y ajoutant les 89,000 hommes
pris en dehors des appels, on arrive, par nombres ronds,
à un total général de 450,000 hommes seulement. Cette
considération avait déterminé M. le maréchal Soult à de-
mander que la durée du service fût portée à huit ans.
La chambre des députés y consentait à la condition de
limiter la durée du service sous le drapeau à cinq ans.
Le gouvernement ne crut pas devoir accepter une telle
condition ; cela est très-regrettable sous tous les rapports. Cependant je ne pense pas que ce soit là, si nous
possédons une flotte de premier rang, un empêche-
ment à tenir en Algérie le tiers à peu près de notre
effectif sous le drapeau. L'Algérie peut être dominée par
70,000 hommes. Avec l'effectif que je lui suppose, elle
fournirait donc un corps expéditionnaire de 40,000 hommes, et l'on sait ce que vaut une armée de 40,000
bons soldats, transportable par mer sur les points
vulnérables de l'ennemi, obligé dès lors de les sur-

veiller tous. Que pense-t-on qui adviendrait, par exemple, si, tandis que nous attaquerions l'Autriche en Italie par la frontière de terre, une armée française débarquait sur le littoral de l'Adriatique? La puissance stratégique de la position est telle, qu'alors même que l'Algérie pourra être classée parmi les divisions de l'intérieur, comme la Corse, il sera indispensable d'y entretenir toujours une armée de 70 à 80,000 hommes.

Depuis l'introduction de la vapeur, qui facilite à un si haut degré les expéditions par mer, notre force continentale s'accroît de notre force navale, de même que notre force navale s'accroit de notre force continentale. Il y a là, en notre faveur, toute une révolution dont il faudrait tenir un compte plus exact qu'on ne l'a fait, ce me semble, jusqu'à présent.

Quelques mots suffiront à répondre à l'objection financière.

Le système le plus dispendieux pour l'État comme pour un particulier, c'est de procéder par sommes insuffisantes. On a perdu en Afrique 200 millions en hésitations et demi-mesures. Dépenser bravement tout ce qui est nécessaire pour obtenir un résultat productif, voilà l'économie véritable. Je souhaiterais pouvoir dire que c'est celle que l'on pratique en France. Si l'on veut s'incorporer, s'assimiler l'Algérie, et je crois qu'on le veut désormais, il faut, plutôt que différer ce qui est utile, recourir au crédit. La dette de là France est légère. Si l'on défalque les 50 millions de la dotation de l'amortissement, les rentes rachetées dont l'État se paye à lui-même l'intérêt, les rentes qui représentent la consolida-

tion des réserves de l'amortissement, et enfin ces réserves elles-mêmes, on arrive à un total de 113 millions, que la France paraît devoir et ne doit pas en réalité. Voici, du reste, des chiffres officiels. Au 1er avril 1846, les fonds non employés de l'amortissement en vertu de la loi de 1833 forment un total de 771,779,297 francs, qui, consolidés, ont produit 29,543,870 francs de rentes : car, il est bon de le redire, l'État se paye l'intérêt des réserves de l'amortissement dépensées en travaux publics extraordinaires. Ces rentes ne doivent pas être confondues avec celles que l'amortissement rachète à la Bourse, et dont le total s'élève à près de 24 millions. Les titres aux mains des particuliers, des communes et des hôpitaux, ne se montent pas à plus de 190 millions de rentes, y compris les titres à terme de la dette flottante. Est-ce dans cette situation qu'il faut craindre d'emprunter, si un emprunt est nécessaire pour fermer les découverts et donner au gouvernement toute liberté d'action ?

L'Algérie intéresse le commerce et l'industrie, le commerce surtout, qui toujours marche à la suite des armées victorieuses.

Cette perspective n'est point à dédaigner. La richesse est une puissance, et je veux, nous voulons tous de la puissance pour notre pays ; mais les considérations politiques, navales, militaires sont seules déterminantes en ce moment dans la question. C'est ce qui ralliera sans doute la majorité des esprits à la création d'un ministère spécial pour l'Algérie, bien que cette création ne soit ni sans dangers ni sans inconvénients.

Le ministre dressera des plans qui, de dessein prémédité ou de fortune, traverseront ceux du gouverneur général ; il fera de l'autorité à tout propos, de la légalité hors de propos ; ne pouvant se faire obéir à distance, le ministre ira sur les lieux : durant sa présence, le civil l'emportera sur le militaire ; dès qu'il sera parti, le militaire reprendra la prépondérance. Il y aura pour la colonie deux gouvernements, raison décisive pour n'être pas gouverné. Mais voici le bien que fera le ministre : il s'occupera beaucoup de l'Algérie, il en occupera les chambres, le pays ; la question s'agrandira, s'éclairera par de plus fréquentes discussions. On finira ainsi par voir plus nettement que je n'ai su le montrer quelle est dès aujourd'hui et surtout quelle doit être dans l'avenir l'influence de l'Algérie sur les destinées de la France, ramenée par sa conquête africaine à la passion des affaires maritimes, passion qui s'éteint quand elle n'a pour aliment que la navigation commerciale, car la France ne sera jamais une nation essentiellement marchande : c'est le lot de l'Angleterre.

Avec toute la considération et les sentiments dus à votre position et à votre caractère,

Messieurs,

Votre très-humble et tout dévoué serviteur,

HIPPOLYTE LAMARCHE.